QUELQUES IDÉES

SUR ALGER

ET

SUR LES TRAVAUX DE LA COMMISSION.

IMPRIMERIE LE NORMANT,
RUE DE SEINE, N⁰ 8.

QUELQUES IDÉES

SUR ALGER

ET SUR

LES TRAVAUX DE LA COMMISSION.

PAR

M. ROBINEAU DE BOUGON,

ANCIEN OFFICIER DU GÉNIE, COLONEL DE LA GARDE NATIONALE DE NANTES.

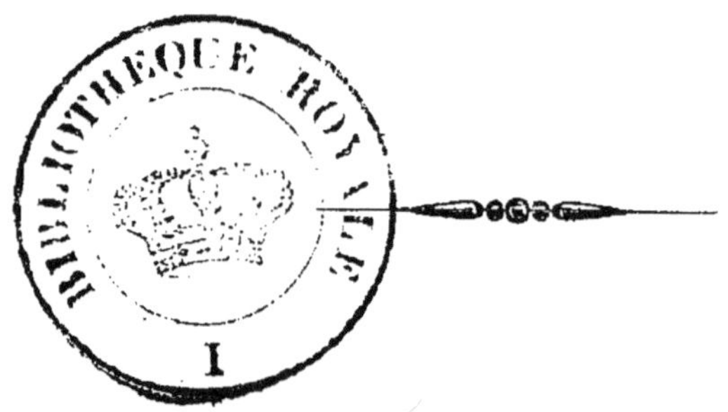

PARIS.	NANTES.
A LA LIBRAIRIE DE LE DOYEN,	A LA LIBRAIRIE DE BUROLAU,
Palais-Royal, galerie d'Orléans, 35.	Basse-Grande-Rue.

SEPTEMBRE 1833.

QUELQUES IDÉES

SUR ALGER

ET

SUR LES TRAVAUX DE LA COMMISSION.

La tâche que va remplir la Commission
d'Alger est grande ; elle exige toute l'étendue
des talens et les profondes connaissances de
ceux qui la composent.

Ils n'ont point à résoudre un problème pu-
rement militaire ni de simple colonisation,
ainsi que quelques esprits étroits ou passion-
nés veulent le faire croire : la question dont on
attend la solution se rattache aux plus hautes
considérations de la politique.

Par ce qui s'est passé à Alger, nous avons
vu, qu'avec une juste confiance dans ses forces,

en se présentant aux Cabaïls et aux Arabes avec une austère probité, une impassibilité immuable, on leur inspirera une crainte salutaire, et on en obtiendra respect et confiance; on pourra ainsi étendre notre influence dans les pays qu'ils habitent, y assurer notre domination. Ceci n'est donc pas la question difficile à résoudre, il faudra pourtant l'examiner, et décider si, pour obtenir ce résultat, les troupes que nous avons sur les lieux sont assez nombreuses; s'il est possible de les multiplier, plus qu'on ne le fait en ce moment, par des mouvemens savamment combinés et des manœuvres habiles; s'il n'y a pas d'inconvénient à augmenter encore leurs fatigues, malgré les intempéries et les rigueurs du climat : cette partie des travaux de la commission exige à peine les moyens supérieurs du général appelé à la présider.

La question d'examiner si les douze ou quinze millions que cette province nous coûte annuellement, quoiqu'elle n'en rapporte que trois ou quatre, sont un sacrifice qu'un intérêt bien entendu commande à la France, plus compliquée, sans doute, que les précédentes, n'est encore qu'une question d'économie politique; elle obligera pourtant à en discuter une multitude d'autres. Il faudra décider quelles sont les cultures les plus avantageuses à introduire, à raison de la nature du sol et du climat; savoir si on pourra les faire adopter par les habitans, en induire quels seront les produits nouveaux du pays qu'on pourra exporter et ajouter à ceux qu'on tire déjà de l'intérieur des terres; il faudra calculer quelles seront les nouvelles habitudes que ces changemens et les progrès de la civilisation feront contracter à ces diverses peuplades, les besoins qu'ils feront naître et les importations qu'ils exigeront.

Ces calculs faits, les probabilités justifiées par de solides réflexions, il resterait à savoir s'il ne conviendrait pas mieux d'établir quelques ports francs qui deviendraient des centres de commerce, comme le furent les villes anséatiques, et comme l'est en ce moment Sincapour si habilement fondée. Ces ports francs, par leur prospérité, par les besoins du commerce, par les pas immenses et rapides qu'ils feraient faire à ces peuples barbares, ne dédommageraient-ils pas de quelques droits de douanes, si coûteux et si difficiles à établir au loin, et à dégager des vexations qui gênent et entravent le commerce? On offrirait ainsi aux bons spéculateurs l'appât de gains considérables et la plus grande liberté, choses nécessaires pour les déterminer à venir s'établir dans une colonie naissante, où la domination n'est pas encore si incontestée et si solidement affermie, qu'elle puisse offrir toute la sécurité dont le commerce a besoin pour ses opérations ordinaires. Il faut donc le débarrasser de toute suggestion et ne rien négliger pour le forcer à venir vivifier, à venir consolider une nouvelle conquête.

Les points que je viens d'indiquer, et tant d'autres qu'il faudra nécessairement discuter, éclaircir, présentent déjà quelques difficultés, mais bien minimes auprès de celles qu'offre la question politique.

La France vient de procurer au commerce des nations policées de l'Europe, dans la Méditerranée, beaucoup de sécurité, en détruisant dans cette mer le principal foyer de la piraterie, en contribuant si efficacement à l'émancipation de la Grèce, et en lui faisant prendre rang parmi les nations civilisées ; en aidant le sultan de l'Égypte à ramener, dans l'antique foyer de la science et des lumières, un peu de cette civilisation dont elle fut le centre aux temps de sa splendeur ; en arrêtant ce même sultan par de sages conseils, au moment où, se laissant entraîner par une ambition irréfléchie, il était sur le point de détruire l'empire du Croissant, de jeter immédiatement le trouble et la confusion sur les rives du Bosphore, d'ouvrir une libre carrière au dominateur du Nord, au Tzar, à ce Slave, chef de Slaves, de Cosaques et de Tartares, dont l'ardente ambition veut tout dominer, tout envahir.

Pour compléter le tableau des intérêts qui se réunissent snr les bords de la Méditerranée, ajoutons l'Autriche, dont la politique obséquieuse et lente convoite long-temps sa proie, l'endort avant de s'en saisir : c'est l'Italie dont elle s'occupe en ce moment et qu'elle neutralise. Marchant doucement vers leur but, son empereur et son vieux ministre, craignant d'en être détournés, ferment les yeux sur les dangers qui les menacent.

Parlerons-nous de l'Espagne ? L'état où elle est réduite l'empêcherait seul de tourner ses regards vers l'Afrique, dont elle ne conserve pas d'ailleurs des souvenirs bien flatteurs. Reste l'Angleterre, dont le commerce fait la prospérité : la supériorité de sa marine assure sa puissance dans l'Inde ; pour maintenir cette puissance, il lui faut 3oo,ooo soldats, et des dépenses énormes qui excèdent les profits ; cependant elle ne songe pas à renoncer à l'Inde.

Gibraltar, Malte, Corfou garantissent sa prépondérance dans la Méditerranée : ces points sont inexpugnables ; ils ont un caractère de force et de stabilité qu'ils impriment au pouvoir qu'ils sont appelés à soutenir. Nous ne devons donc pas penser à augmenter encore, mais bien plutôt à contrebalancer cette puissance dans une mer sur laquelle notre position topographique nous oblige à avoir aussi quelque prépondérance.

D'un autre côté, les Anglais sont parvenus, au moyen des bateaux à vapeur, à surmonter les obstacles qui s'étaient jusqu'ici opposés à la navigation de la mer Rouge, et à établir, de cette manière, des communications plus promptes et à jours fixes avec leurs comptoirs des Indes ; à acquérir à leur commerce, par la rapidité des arrivages, de nouveaux avantages sur ceux des autres nations européennes, dont le commerce, presque nul avec ce pays, ne pourrait subvenir aux dépenses qu'exigeraient des relations aussi suivies.

Cette considération donne une nouvelle importance à la sécurité du commerce dans la Méditerranée, et à la prépondérance que les puissances européennes doivent y exercer ; elle fait sentir la nécessité de ne pas en laisser trop prendre aux nations à peine civilisées qui, par goût, par défaut de lumières et par esprit religieux, encouragent la piraterie.

Ce nouveau point de vue obligera la Commission à examiner quels sont les fondemens de la puissance anglaise dans l'Inde, à voir si elle porte en elle, et dans ses relations avec les naturels, des principes de destruction ; si les Malais peuvent devenir ses amis, ses alliés, ou s'ils ne sont pas pour elle des ennemis redoutables ; enfin, ce qu'elle aurait à craindre de l'insatiable ambition de la Russie, si une lutte acharnée venait à éclater entre celle-ci et la nation anglaise.

Aucun des renseignemens nécessaires pour approfondir ces divers points ne manquera à la Commission. Quoique j'en sois privé, je me sens entraîné à continuer cette notice, et à faire quelques réflexions sur ces différens su-

jets : elles pourront intéresser, en attendant
que le travail de la Commission vienne satis-
faire à ce que la nation est en droit d'exiger de
la masse de lumières de son ensemble et de
la supériorité des moyens de chacun de ses
membres.

Sur la question militaire, nous croyons que
ce n'est pas par des mouvemens de troupes
que nous devons en imposer au pays : ils an-
noncent le besoin de se multiplier, de suppléer
au nombre; ces mouvemens donnent un air
d'agitation, d'inquiétude, que nous devons
éviter. Pour nous observer, pour nous suivre,
les habitans ne manqueraient pas de s'agiter
aussi, et nous les éloignerions du calme et de
la confiance que nous devons nous efforcer de
leur inspirer.

C'est donc par une masse de troupes plus
imposante, par un matériel plus considérable,
que nous devons agir sur leur esprit, les con-
tenir.

Ainsi il faudra :

Doubler à Oran le nombre de nos soldats;
envoyer 6,000 hommes à Bougie, en mettre

4,000 à Bonne, pour assurer la domination française dans la régence.

En jetant un coup d'œil sur la carte, on se convaincra de l'importance de Bougie. Cette ville est située à l'extrémité du Jurjurat, contrefort impénétrable du petit et du grand Atlas; il court du sud-ouest au nord-est, et divise la régence en deux parties presque égales; il faut occuper tous les points accessibles de ce contrefort, si l'on veut soumettre les tribus guerrières de Cabaïls qui l'habitent; c'est des sommets de ces monts qu'on peut commander à l'est et à l'ouest, y expédier des ordres et empêcher les tribus de ces deux régions de communiquer entre elles. Il faut aussi prendre et fortifier le port de Bougie, de toute cette côte, dans lleque une escadre puisse hiverner avec sécurité : à son moyen, et avec les 4,000 hommes que l'on placerait à Bonne, on occuperait les cent lieues de côtes qui sont à l'est, et sur lesquelles viennent déboucher les grands cours d'eau qui fertilisent et vivifient les riches et nombreuses plaines de la province de Constantine; les cent soixante lieues qui sont à l'ouest sont moins difficiles à maîtriser.

L'Isser ou Serbètes coule dans les montagnes, et va se jeter dans la mer non loin d'Alger, sur la côte inabordable et inhospitalière qui sépare cette ville de Bougie.

Alger, située sur une montagne fertile, le Bougéreah, domine la riche plaine de la Métijiah. Cette plaine, arrosée par l'Aratch et le Mazafran, est importante et facile à soumettre dès que la garnison d'Alger sera assez forte et qu'elle n'aura que ce but à remplir.

Le Chellif est le plus grand cours d'eau qui baigne la régence ; après avoir traversé la province et le lac de Titteri, il arrose par lui-même et par ses affluens, la belle, vaste et fertile plaine de Tremecen. Mostaganen, située près de son embouchure, n'a pas de port, mais une assez bonne rade. Arzéo, ville importante et intermédiaire entre ces deux dernières, étant dans le même cas que Mostaganen, ne peut être considérée, de même que celle-ci, que comme un poste avancé d'Oran, dont le bon port Mers-el-Kebir, la population et le commerce présentent de grandes ressources.

Il est malheureux que la ville d'Acra, qui a un assez bon port, n'ait pas une position plus centrale, et qu'elle soit isolée à l'extrémité ouest, au milieu des montagnes arides et désertes du royaume de Maroc.

Nous ne parlons point du pays de Zab, situé au midi du grand Atlas; il sera le dernier à se soumettre, sa proximité du désert offrant aux peuples nomades qui l'habitent des moyens de se soustraire au joug.

Revenons maintenant.

La ville de Bougie est bâtie sur un mamelon dépendant du Jurjurat. Après avoir formé le cap Carbon, ce contrefort de l'Atlas se plonge dans la mer, en laissant encore paraître après lui la roche percée sous laquelle un bâtiment peut passer à toutes voiles.

Par l'occupation de ce point et des montagnes élevées qui le défendent des vents et des tempêtes de l'ouest et du nord-ouest, on domine toute la contrée, on lui impose la loi, et on est en mesure d'établir avec les Cabaïls des relations convenables. Ce sont ces tribus guerrières qui firent la force de Massinissa; depuis, ce point fournit à Charles-Quint, non seulement un refuge contre la tempête, mais ces nations lui offrirent encore les moyens de réparer les désastres de son armée : hommes, provisions, armes, tout fut mis à sa disposition, et il eût pu achever sa conquête; mais l'empereur, découragé, humilié, ne voulut agir ni par lui-même ni par ses lieutenans.

Deux grandes rivières, la Ladouze et l'Ajebby, en quittant les plaines de Hamza et de Suderatah, se font jour à travers les pics et les précipices du Jurjurat, au moyen de déchiremens tellement escarpés et impraticables, que les Romains donnèrent aux routes qu'ils pratiquèrent sur leurs bords le nom de Portes de Fer. Ces deux rivières réunissent leurs cours, et vont ensuite à quelques lieues de là se jeter dans la mer au fond du golfe de Bougie, sous le nom de Summan; de l'autre côté de ce golfe vers l'est, l'Oued-el-Kibir, ou le grand fleuve, venant de la plaine de Constantine, y jette également ses eaux.

Il n'est séparé du premier que par des rameaux du Jurjurat, le Mégrise et le Baboura; ces rameaux, ainsi que le Hamza et le Sandah, au sud de Bonne, sont habités par des tribus de Cabaïls, les plus indomptées, les moins civilisées et les plus féroces; heureusement elles sont peu puissantes; néanmoins, elles sont un instrument docile entre les mains du bey de Constantine : elles servent volontiers ses desseins sanguinaires dès qu'il leur présente l'appât du pillage, ou le moyen d'exercer quelques vengeances contre les tribus de l'ouest, dont elles sont depuis des siècles les ennemies irréconciliables.

On voit combien il est essentiel d'en imposer à ces barbares et de les maîtriser entièrement. La garnison de Bonne devra donc occuper la rive droite du grand fleuve Oued-el-Kibir, tandis que celle de Bougie gardera la rive gauche. Ainsi, maîtres du cours de ces rivières et de celui de la Ceibouse, qui se jette à Bonne dans la mer, la province extrêmement fertile de Constantine, dont les richesses se composent du produit des plaines de Hamza, de Suderatah, de Constantine et de Bonne, n'ayant plus de débouchés, tombera nécessairement en notre pouvoir, et le bey sera forcé de se soumettre; car Constantine, qui est à quinze lieues de la mer, à vingt-cinq de Bougie et à trente de Bonne, est à plus de cent lieues de Tunis; elle ne peut en attendre aucune protection, elle n'aurait donc aucun avantage à en devenir tributaire; le dey craindrait d'ailleurs d'attirer sur lui l'inimitié de la France.

La garnison d'Oran, recevant un renfort de 3 à 4,000 soldats, se rendrait également maîtresse du cours du Chellif. Cette rivière est celle de toute la régence dont le cours est le plus long, celle qui est le plus long-temps navigable. Après avoir baigné le plateau de Titteri, elle vient arroser la riche et fertile plaine de Tremecen, et y former de délicieuses vallées qui, abritées du nord par les monts Zikar, sont susceptibles des cultures les plus précieuses et les plus variées. Cette garnison, dis-je, maîtresse de la navigation de ce fleuve et des villes riches de Mostaganen et d'Arzéo, qui ont de très-bonnes rades, et enfin du port d'Acra, luttera avec avantage contre l'influence des Maures dont les nombreuses tribus, plus faciles à réduire que celles dont nous venons de parler, n'attendent qu'à voir un grand déploiement de forces pour se ranger du côté le plus fort, de celui qui leur offrira des avantages plus certains ; mais jusqu'ici l'hésitation de nos mouvemens, plus considérable encore sur ce point qu'à Alger, le voisinage des forces de l'empereur de Maroc, ancien possesseur de ce pays, et sur lequel il prétend encore avoir des droits, ont fait croire à ces peuples indécis que les Français ne resteraient pas les maîtres, et ils ont trouvé plus d'avantage à se prononcer contre eux; d'ailleurs le lien de la religion leur ferait préférer le joug de l'empereur de Maroc au nôtre : on voit cependant que nous avons peu de choses à faire pour assurer sur ce point notre domination.

La garnison d'Alger n'ayant plus à disposer de ses forces pour secourir celles de Bonne et d'Oran, sachant au contraire les Cabaïls, les Maures et les Arabes réduits, ou au moins occupés sur tous ces points; n'ayant plus à craindre d'avoir à lutter contre de nombreuses réunions qui, sans la mettre en péril, peuvent au moins surprendre et égorger quelques uns de ses cantonnemens, de ses avant-postes, viendrait promptement à bout d'en imposer à quelques tribus turbulentes, et à établir une domination tranquille sur la plaine si riche de la Métijiah (1), sur les rives du Mazaffran, sur celles de l'Haratch, et sur les lieux fortunés abrités du nord par le mont Boujeréah sur le versant duquel se trouve la ville d'Alger.

Bientôt nous serions les paisibles possesseurs de toute la régence.

Mais pour obtenir sans risques, sans combats cet heureux résultat, il faut surtout augmenter, pendant quelques années, de 12 à

15,000 le nombre des soldats que nous entretenons sur la rive africaine; et cette colonie, pendant ce temps, nous coûtera 25 millions au lieu de 15. Nous allons voir, en jetant un coup d'œil sur les autres questions, si nous devons nous imposer ce lourd sacrifice.

Maintenant, quelles ressources pour la culture et le commerce pouvons-nous tirer de la population actuelle de la régence? Pour le juger, il faut apprécier le nombre, le caractère et les mœurs de ses habitans.

Shaler évalue toute la population à 1 million; mais nous avons eu l'occasion de vérifier le nombre des habitans des villes, et nous avons trouvé son évaluation fort exagérée, quoiqu'elle soit bien inférieure à celles qui l'ont précédées. L'effrayante décroissance que l'on remarque dans ces évaluations successives de la population est l'effet nécessaire du gouvernement vil, absurde, arbitraire, quoiqu'électif, sous lequel gémissait ce pays; cependant, quelles que soient les causes de cette décroissance, nous ne pouvons en porter la population à plus de 750,000 âmes, dont 100,000 habitant les villes et 650,000 les campagnes.

Ce dernier nombre se compose de

3oo,ooo Maures,

2oo,ooo Arabes,

1 5o,ooo Cabaïls.

Les Maures des villes (Maugrebins, Arabes de l'ouest) sont une race abâtardie et mélangée ; elle a conservé la légèreté, le caractère changeant de l'Arabe et sa fierté ; cependant elle s'est livrée à la culture, au commerce. Ceux des villes de la régence étaient favorisés par les Turcs qui venaient gouverner ces fertiles contrées. Les Maures s'y sont, à ce moyen, emparés de toutes les richesses ; et des alliances faisaient partager ces richesses aux Turcs eux-mêmes.

Les fruits de ces alliances, presque aussitôt confondus avec la race dont ils sortaient, contribuaient à l'accroître et à l'embellir ; cela ajoutait à son crédit et à sa considération, en augmentant ses relations avec ceux qui gouvernaient, avec ceux qui seuls avaient le pouvoir.

Cette race, dès long-temps avilie, le fut encore par la cause même de sa nouvelle élévation ; elle est sans énergie, mais elle exige qu'on ait pour elle de grands ménagemens, tant à cause des capitaux dont elle dispose, de ses relations, qui lui donnent une très-grande influence, qu'à raison de celle plus grande encore que lui donne la religion. Plusieurs d'entre les Maures sont chérifs, c'est-à-dire qu'ils descendent directement de Mahomet, et qu'ils portent le turban vert.

Depuis des siècles, l'Arabe est pasteur ou bédouin (2); il tient à la vie errante : on aura donc beaucoup de peine à plier sa fierté, sa noble indépendance, et à en faire un peuple cultivateur. Un certain nombre de tribus ne voudra pas sans doute quitter la vie pastorale ; il faudra faire en sorte de se les attacher également ; devenues auxiliaires, soumises et sûres, elles augmenteront le nombre de leurs troupeaux, et les riches dépouilles de ces troupeaux deviendront promptement une source de prospérité pour la colonie. Au moyen de ces Arabes, par la direction qu'on leur donnera, on pourra disposer chaque année d'un grand nombre de chevaux numides dont la réputation a traversé les siècles. Ne désespérons cependant pas de rendre au grand nombre de ces tribus, et à toutes celles des Maures, le goût de l'agriculture, et remarquons qu'une fois qu'elles s'y sont adonnées nul peuple plus que ces deux là ne tint au sol, à la patrie, et ne fit faire plus de progrès à l'agriculture.

Nous en avons pour preuve les regrets encore subsistans des Maures pour les royaumes de Murcie et de Grenade, où du temps des califes ils avaient fait fleurir l'agriculture, aussi bien qu'en Sicile ; ils y avaient acclimaté le chameau (3), ils y avaient introduit la culture de la canne à sucre, celle de l'indigo, du bananier, et de quelques autres plantes des tropiques. (*Galanti descriz. della Sicilia*). Ces cultures n'ont point été continuées après eux. Dans les autres branches de l'agriculture, ils ont également surpassé les Romains. Il nous sera donc fort utile d'avoir ces deux peuples pour auxiliaires et pour guides. Nos lumières et notre position nous mettent à même de profiter de ces avantages : gardons-nous de les négliger. Dans leur intérêt et dans le nôtre, adoucissons les mœurs de ces peuples jusqu'ici indomptés ; rendons leur existence plus douce et plus heureuse ; montrons-nous les plus forts et d'une sévère équité.

Les Juifs sont les mêmes partout : vils et rapaces, ils corrompent le commerce lorsqu'ils s'en mêlent ; sales et dégoûtans plus encore que les Maures des campagnes, ils perpétuent les maladies honteuses et les épidémies : on n'obtiendra aucun avantage réel de leur concours à la prospérité générale, que lorsqu'on sera parvenu à changer leurs habitudes, et à leur faire faire quelques pas vers la civilisation ; nous ne pourrons obtenir ce résultat qu'en les faisant jouir des avantages communs: alors même il sera nécessaire de leur laisser apercevoir que, tout en les émancipant, on exerce sur eux une certaine surveillance. A des gens si disposés à se vendre et à trafiquer de tout, il faut inspirer la crainte du châtiment.

, Viennent enfin les Berbères ou Cabaïls, race exotique, quoique préexistante à celles dont nous venons de parler; car la race indigène a dès long-temps disparu du continent africain ; et si quelques individus en ont encore été retrouvés, réfugiés aux îles Canaries, ils ont bientôt disparu, et cette race est définitivement rayée du catalogue des races existantes.

Sans rechercher si les Cabaïls sont d'origine phénicienne, et quelle est celle de cette nation fameuse, peu importe qu'elle descende d'une race caucasienne, comme on l'admet généralement, ou qu'elle vienne des races blanches qui habitaient primitivement les monts abyssiniens; quel que soit leur langage, qu'il dérive du geèz ou du sanscrit, qu'il soit encore parlé dans la Bretagne, dans l'Irlande ou dans l'Écosse (4); qu'une de leurs tribus vienne des hommes du Nord échappés aux tempêtes, qu'elle ait conservé sa chevelure blonde et sa peau blanches dans les montagnes de l'Atlas sous le brûlant soleil d'Afrique, que nous importe; il nous suffira d'étudier leurs mœurs et leurs habitudes, pour voir le parti que nous pouvons en tirer, lorsque nous leur aurons bien prouvé qu'ils ne peuvent se soustraire à notre domination et au joug léger et salutaire que nous voulons leur imposer.

Nous savons qu'intrépides guerriers, soldats infatigables, ils préfèrent à tout la liberté; que s'ils étaient encore, comme du temps des Romains, réunis sous un chef habile, ils seraient pour nous des ennemis peut-être invincibles; mais leur amour même pour l'indépendance s'oppose, depuis des siècles, à leur réunion en corps de nation et les fait vivre misérablement, toujours en guerre les uns contre les autres; chaque tribu, pour mieux dire chaque famille, ne voulant subir le joug d'aucune loi et n'agir que d'après son inspiration, sa volonté, sans trop s'inquiéter des règles de l'équité; aussi leurs arts ont dépéri, leur population est considérablement diminuée. Cependant les Cabaïls sont laborieux, et se sont de tous temps livrés à la culture, à l'industrie; car ils savent extraire les métaux, et, comme les Maures, teindre et tisser les étoffes.

Les Cabaïls habitent les sommités et les gorges du petit Atlas, ainsi que ses contreforts; ils habitent également sur le grand Atlas, et dans les vallons qui descendent vers le sud. C'est de ces cantons que des hommes d'une de leur tribu, les Biscaris, viennent à Alger et dans d'autres villes, rendre les mêmes services que les Savoyards et les Auvergnats rendent à Paris, et ils y ont acquis une réputation analogue. Quelque peine que cela puisse nous présenter, redoublons d'efforts pour dompter, pour réduire, et enfin pour séduire ces hommes intelligens, actifs, dont les mœurs féroces, dont la sauvage énergie feraient des ennemis dangereux, si nous ne savions en faire des amis sûrs, des auxiliaires utiles. C'est envers eux que le déploiement de forces bien supérieures est nécessaire; c'est avec eux qu'il faut être sévères, justes, mais inexorables ; il faut surtout ne les jamais tromper par des promesses trop flatteuses, ni leur faire attendre un châtiment mérité.

Il faut également savoir profiter des haines des tribus les unes envers les autres, de la réciproque antipathie que les Cabaïls ont pour les Arabes, pour les Maures, et, comme les Turcs, les opposer les uns aux autres. Nous avons vu ces antipathies ne pouvoir s'effacer, même lorsque ces trois peuples devinrent ensemble les conquérans de l'Espagne.

C'est, dans quelques points, favorisés des riches plaines de Constantine et de Tremecen, garanties du nord par les hauteurs qui bordent la mer, et surtout de l'autre côté du grand Atlas, dans les oasis et les vallées du pays de Zaab, que l'on peut espérer de voir végéter librement la canne à sucre, l'indigotier, le cafier, etc.; mais il ne faut pas se faire illusion, ces plantes précieuses, ces plantes des tropiques ne prospéreront que dans quelques lieux privilégiés, et non sur toute l'étendue du sol algérien, tandis que des essais déjà fructueux nous apprennent que le coton, le thé, la garance, la guède, etc., croissent et fructifient avec facilité, sur presque tous les points; que l'olivier y vient naturellement, même à l'état sauvage dans les forêts du Jurjurat, et produit d'excellente huile que la culture améliorerait encore. Le chêne-liége et le chêne-kermès si précieux pour la teinture, le citronnier, l'oranger, le jujubier, le tamarinier, le pistachier et le mûrier blanc qui sert à élever le ver à soie, ainsi que tous les arbres fruitiers de France, y produisent d'abondantes récoltes. Toutes nos céréales et beaucoup de nos fourrages y donnent des produits étonnans; les marais du Mazaffran et autres de la Métijiah, ceux des plaines de Bonne, de Constantine, etc., produisent des riz de la meilleure qualité. Cependant, pour cultiver un pays aussi fertile, aussi fécond, aussi favorisé par la nature, dont la superficie de 13 à 14,000 lieues carrées égale et surpasse celle de l'Angleterre, nous n'avons que 700,000 habitans; car je ne saurais mettre au nombre des cultivateurs 50,000 esclaves renégats et turcs.

Quel que soit donc le sort futur de cette colonie, il est toujours de son intérêt d'y fixer une population qui soit en rapport avec l'étendue et la fertilité de son territoire. Nous avons vu quel rapide accroissement eut jadis celle des villes anséatiques, qui devinrent en peu d'années les plus importantes et les plus populeuses du continent européen, quoique situées sur les rivages d'une mer qui offrait au commerce moins d'avantages, des intermittences funestes, et plus d'obstacles encore à surmonter que si elles eussent été situées sur ceux de la Méditerranée.

Les nouveaux ports de Bougie, d'Alger et d'Oran, s'ils étaient francs, deviendraient à l'instant l'entrepôt naturel du commerce du Levant, de la mer Noire et de ses affluens, de la mer Rouge, et par elle des mers de l'Inde et de la Chine; car alors il ne leur manquerait rien. Pour voir également accourir une immense population agricole, il ne faudrait que donner de la sécurité aux travailleurs, et leur faire des concessions avantageuses de terres incultes, dont on leur assurerait la propriété. Le gouvernement se mettrait facilement en mesure de disposer de presque toutes les terres de la régence; il en traiterait aisément, d'abord avec les tribus nomades, ensuite avec les autres tribus maures; leur jouissance étant tellement précaire, qu'elles ont souvent payé aux Turcs plus qu'elles ne retiraient de ces terres en plusieurs années. Cependant, pour obtenir ce résultat et arriver au but que nous nous proposons, il faut, comme nous l'avons déjà dit, en imposer par une masse considérable de forces, et mettre quelque adresse à conclure des traités avec certaines tribus ; s'appliquer à mettre bien en évidence les avantages qu'elles doivent trouver dans ces traités, les en faire jouir aussitôt, quelque difficulté que cela puisse présenter, et leur procurer à ce moyen une prospérité, une aisance, une richesse qui leur sont jusqu'ici inconnues ; châtier en même temps avec la plus grande rigueur la moindre infraction aux conventions arrêtées, la moindre insulte à un soldat, à un chrétien.

Je ne puis entrer dans le détail des traités à faire ; ils dépendront de circonstances, d'événemens sur lesquels on ne peut avoir de données à l'avance, du caractère des tribus, de leur force, de l'intérêt qu'on aurait à se les attacher, et de l'importance qu'on y mettrait.

Je puis encore moins dire toutes les conditions à prescrire aux colons, les diverses cultures qu'on devra en exiger, les redevances auxquelles on pourra les assujettir; tout cela dépendra dès localités, de la sécurité qu'on leur procurera, et du nombre qui s'en présentera; enfin de la promptitude avec laquelle on voudra réaliser la colonisation, la culture, et attirer la population. Les autorités devront avoir des instructions à ce sujet; ces instructions devront varier suivant les circonstances, et il faudra leur laisser une grande latitude.

On voit, au premier coup d'œil, quel immense débouché une grande activité commerciale dans cette colonie, un tel surcroît de population, enfin l'exécution entière du système que nous venons d'exposer offrirait, non seulement à la France, mais à toutes les nations civilisées de l'Europe; car toutes y seraient admises, une politique grande et généreuse ne devant point isoler les intérêts d'un peuple de ceux des autres nations. L'exemple tout récent de Sincapour, dont nous avons déjà parlé, où, sur la plage inhabitée d'une île déserte, les Anglais ayant trouvé un bon port dans une posision avantageuse, ayant déclaré que toutes les nations pourraient y venir librement, et sans payer aucuns droits, apporter leurs denrées, exercer leur industrie, ont attiré de cette manière tout le commerce des Philippines, des mers des Indes, de la Chine, du Japon, et lui ont donné toute sécurité; cet exemple nous a prouvé que dans des conjectures plus difficiles il a été possible de réussir.

Et sur cette île, qui n'a pas trente lieues de superficie, s'est élevée, comme par enchantement, une belle ville, riche, populeuse, et les habitations les plus délicieuses; on n'y est cependant séparé de la côte malaise que par un filet d'eau profond, il est vrai, mais à peine large d'un quart de lieue, et l'on découvre de la ville même, à trois lieues de distance, l'île de Sumatra, dont les sombres forêts servent de retraite aux tigres, moins cruels que ses féroces et anthropophages habitans; ceux-ci sont plus féroces encore que les Malais, dont le nom rappelle pourtant les plus atroces perfidies. Cependant cette ville est paisible, quoiqu'elle renferme déjà 20,000 Malais et un nombre presque égal de Chinois, aux mœurs, aux habitudes si douces en apparence, et pour qui néanmoins conduire des conspirations, ourdir des trames plus ou moins importantes, est un instinct impérieux, un besoin de tous les momens. Sincapour, qui compte à peine douze années d'existence, est tranquille, et jouit de la plus grande prospérité; on y voit un grand nombre de brillans équipages dans des promenades dont les arbres n'ont point encore eu le temps de croître. Ces prodiges des arts et de la civilisation, sont plus faciles à réaliser à Alger, sur les côtes d'Afrique, qu'aux rives lointaines de la presqu'île qu'habite le perfide Malais.

Voyons maintenant ce que pourrait devenir la régence d'Alger, si de l'examen approfondi des questions que nous venons d'effleurer, il résultait la preuve que la France ne doit pas la conserver, que cette possession serait pour elle un fardeau sans suffisante compensation.

Les mouvemens qui, depuis quarante ans, ont ensanglanté l'Europe, en ont aussi changé la face; le fer a tranché les traités, et le glaive du conquérant nous en rendit les dominateurs. Vainqueurs doux, humains, affables, polis, nous nous fîmes individuellement aimer; mais nous n'en étions pas moins des dévastateurs, des maîtres.

Las d'un joug étranger, les peuples ont voulu se venger d'une nation qui n'avait pu les dompter tous sans s'épuiser elle-même : fatigués de gloire, il a fallu courber la tête à notre tour!!!

Dans cette grande lutte de toutes les nations de l'Europe contre le grand Napoléon, qui lui-même n'était plus soutenu par la grande nation qu'il avait rassasiée, fatiguée de gloire, dont l'enthousiasme était éteint, refroidi ; que de changemens, que de trônes renversés, combien d'autres conservés par la générosité du vainqueur, et quelle noire ingratitude lorsque des revers vinrent l'accabler. Dans cette effroyable curée, dans ce partage des débris du monde, le tzar ne s'oublia pas. A chaque événement, pendant cette longue lutte, à chaque désastre qui venait accabler un peuple, un souverain, son voisin, son frère, il exigeait toujours quelques débris.

Dès 1794, un nouveau démembrement de la Pologne ajouta à sa puissance plus encore qu'à celle de la Prusse, et de l'Autriche qui venait de perdre les Pays-Bas dont s'enrichit momentanément la France.

Lorsque la Suède changea de souverain, il

s'empara d'une partie de la Finlande. La Perse et la Turquie lui payèrent aussi plusieurs tributs ; enfin, la dernière campagne contre ces deux puissances lui livra les fertiles royaumes de Valaquie, de Moldavie et de Van, en sorte que les Balcans, le mont Ararath, la mer Noire, la mer Caspienne et les déserts de la petite Tartarie, lui servent de limites et de remparts au sud; à l'est, c'est la grande Tartarie et ses vastes déserts; au nord, le pôle ; à l'ouest, la Vistule et les Krapach.

Son ambition n'est pas encore satisfaite, il veut Constantinople, la Grèce, dominer la mer de Marmara, et faire la loi dans la Méditerranée pour pouvoir à son aise dévaster et soumettre l'Occident.

Lui en faciliterons-nous les moyens? lui aiderons-nous à envahir le monde, et deviendrons-nous volontairement sa proie?

Imiterons-nous l'Autriche qui, s'étant agrandie de la Dalmatie, de l'Illyrie, de Venise et de son territoire, a, dans ce moment, pour monomanie, l'envie de posséder toute la belle Ausonie. Elle s'endort dans ce rêve flatteur sans vouloir mesurer l'étendue des dangers qui la menacent; cependant la Russie, maîtresse du cours du Danube, du fleuve qui la traverse et la vivifie, paralyse son commerce et son industrie; et en faisant un pas de plus, cernant ses frontières de toutes parts, elle pourra l'envahir d'autant plus facilement que chez les peuples à demi-sauvages du tzar, chaque homme est un soldat, qui ne possède que sa lance et son sabre, qui dort sur la dure en plein air, qui, ainsi que son cheval, vit de peu, et résiste à des fatigues que ne peuvent plus supporter les nations accoutumées aux douceurs de la civilisation, qui tiennent à la famille, au sol, à la patrie, tandis que le barbare ne tient à rien, et voit tomber sans regrets ses parens, ses amis, et tombe lui-même avec une stupide indifférence et sans se plaindre.

Comment les peuples policés résisteraient-ils à ces hordes féroces lorsqu'elles se présenteront en masse? ils périront alors comme ils périrent jadis. Pourquoi donc laissons-nous ainsi étendre, accroître la puissance du tzar? pourquoi lui laissons-nous acquérir la possibilité de réunir ces masses énormes de combattans, ces légions de nomades!

L'Autriche sera sa première victime, dès qu'il se tournera vers l'Occident; la Prusse est déjà la vassale soumise du grand empire : elle n'en sera pas moins détruite, ruinée par ce torrent dévastateur, avant notre belle patrie. Mais la France ne succombera plus. Elle deviendra le point de réunion, le centre de résistance. Un grand homme ne nous manquera pas alors, et désormais le Cosaque ni le Basquir ne commanderont plus chez nous.

Espérons que le prestige qui fascine les yeux des souverains, qui leur fait croire que l'influence du colosse du nord se bornera à augmenter leur pouvoir absolu sur leurs peuples; espérons, dis-je, que le prestige se dissipera, et que la civilisation se réunira contre la barbarie.

Toujours est-il, qu'en attendant cet heureux moment, la France ne doit, ni directement, ni indirectement, augmenter ce pouvoir effrayant, soit en mettant la régence d'Alger sous son influence immédiate, ou en la donnant à la Turquie qui tombe de langueur et de vétusté, et dont nous devons soutenir et assurer l'existence.

Il résulte de l'état des puissances continentales, dont nous venons de rendre compte, que nous ne pouvons pas non plus la remettre à l'Autriche.

L'Espagne étant uniquement occupée de

son organisation intérieure, il est inutile de discuter s'il serait convenable de la lui confier.

L'existence de l'Egypte dépend de l'existence d'un seul homme, et Méhémet-Ali a-t-il un successeur capable de manier le sceptre pesant du pouvoir absolu? A-t-il créé une nation? S'est-il fait une patrie? Malheureusement, non. A-t-il fait faire à l'Egypte, à ce pays si favorisé des dons du ciel, un pas vers la civilisation? Non.

Le guerrier, échappé à vingt combats, croit plus ou moins à la fatalité. Plus il y croit, plus il est brave, intrépide: cette croyance domine toutes ses actions. Mahomet qui voulut conquérir le monde, en fit la base de sa religion. Dogme effrayant, sanguinaire : il accoutume au meurtre, et fait tuer sans remords. Il a un autre grave inconvénient, celui d'exiger une activité guerrière de tous les instans, la présence du danger qui développe toutes les facultés, et le génie qui crée les ressources. Si cette activité cesse d'être un besoin impérieux, on retombe aussitôt dans l'ignorance et la brutalité; la nation qui n'a que l'ardent fanatisme que fait naître ce dogme pour garant de sa puissance, languit et se détruit dès qu'il cesse d'être exalté.

Méhémet-Ali a vu sa nation prête à s'anéantir, et pour fonder sa puissance, pour augmenter sa richesse, il a voulu que les grands qu'il faisait, que ceux qu'il appelait à le seconder fussent habiles, instruits. Et parce qu'il appelait le secours des sciences, des lumières de l'Europe civilisée, on s'est persuadé qu'il allait constituer une nation! Il ne voulait que constituer le pouvoir du sabre, pour consolider, pour étendre sa domination : de tous les pouvoirs c'est le plus expéditif, mais c'est aussi le plus précaire ; il l'a solidement établi sur toute la population ; personne n'a de franchises ni de priviléges, à quelque race qu'il appartienne ; les dominateurs sont peu nombreux, et leur pouvoir est illimité. Dans le reste de la Turquie, la population turque a du moins quelques franchises, que le pouvoir, moins énergique, est contraint de respecter.

Remettre la régence d'Alger entre les mains du souverain de l'Égypte, ne la tirerait point de l'état précaire où elle est, ce serait rétablir la piraterie pour un prochain avenir.

La France et l'Angleterre doivent au contraire, dans leur intérêt commun, quoique dans des vues différentes, persuader à Méhémet-Ali, par de sages conseils, de borner son ambition et son pouvoir; de constituer, pour lui, pour ses enfans, un gouvernement stable qui, en augmentant ses richesses et sa grandeur, donnerait aux nations industrieuses toute sécurité pour les comptoirs que leur commerce a besoin d'établir vers Suez, dont le canal ne tarderait point alors à s'achever enfin.

Le royaume de Maroc, malgré l'énergie de sa population, dont l'extrême perspicacité et l'adresse guerrière sont si célèbres, condamné, par sa position, ses mœurs, sa religion, à rester stationnaire et barbare, ne peut être chargé de ce dépôt.

Dans la lutte sanglante qui dure depuis quarante ans, l'Angleterre non plus ne s'est pas oubliée; mais, nation éclairée, sans vouloir faire rétrograder les peuples, elle a choisi les points et les lieux qui pouvaient assurer sa puissance, étendre son commerce, lui fournir des débouchés et rendre sa prospérité durable.

Ainsi Gibraltar, Malte et Corfou lui suffirent dans la Méditerranée.

L'émigration ayant désorganisé notre marine, les efforts, les prodiges de quelques jeunes officiers, pour la plupart sortis de l'École Polytechnique, ne purent empêcher l'Inde entière de tomber dans son pouvoir.

L'Angleterre s'y établit solidement; elle en soumit tous les peuples, et sans songer à changer leurs mœurs, leurs habitudes, elle se contenta de les adoucir un peu, et en profita habilement pour consolider sa puissance.

Elle s'empara des terres, et les Brames devinrent ses agens pour en recueillir les produits; privés des moyens de recouvrer tout leur pouvoir, de rétablir leurs anciens chefs, heureux d'être épargnés et de conserver autant de prépondérance, ils servirent leurs nouveaux maîtres; ils les servent à regret, dit-on, mais ils les servent bien. Les castes guerrières, ne pouvant embrasser une autre profession que celle des armes, durent s'enrôler sous leurs drapeaux dès que, vaincues, elles cessèrent de les combattre. Maîtres des prêtres et des soldats, leur sécurité fut entière; avec ces auxiliaires, il ne leur fallut jamais plus de 20 à 3o,ooo soldats pour réduire tous les peuples de la presqu'île de l'Inde et en chasser les nations européennes.

Quelques lieues désertes aux bouches de l'Indus, un petit comptoir à Pondichéry, et deux autres à Yanaon et Chandernagor, sont tout ce qui nous reste : les Portugais et les Hollandais ne sont pas mieux traités.

Plus tard, les Anglais ont envahi le royaume des Birmans, celui d'Ava ; ils ont ainsi étendu leur puissance jusqu'à la presqu'île malaise qu'ils maîtrisent, d'où ils commandent aux îles de la Sonde et aux Philippines, et d'où ils assurent leurs relations et leurs débouchés dans les mers de la Chine et du Japon, et aussi dans l'Australie où ils dominent exclusivement.

L'asservissement de la Hollande sous l'empire leur fournit l'occasion de s'emparer du cap de Bonne-Espérance ; plus tard encore, ils exigèrent l'Ile-de-France, relâche utile aux possesseurs de l'Inde, que la restauration ne put leur refuser. Le fâcheux abandon de ce point important détruisit la faible lueur d'espérance qui nous restait encore de reprendre quelque consistance dans ces riches contrées.

Dès que le gouvernement anglais se vit maître souverain d'un aussi beau pays, il y organisa son pouvoir sur des bases solides. Nul Anglais ne put agir en son nom, s'y fixer, acquérir de grands biens, une grande influence. Il ne put agir, commander, ordonner qu'au nom de la compagnie qui sut toujours mûrir ses résolutions, faire respecter et craindre son pouvoir; cependant le produit des terres suffit à peine à ses dépenses. Mais l'Inde fait la force et la prospérité de l'Angleterre; elle lui assure la suprématie sur toutes les mers du monde. Quelle nation, en effet, est en mesure de la lui disputer? Quelle nation peut mettre en mer, en ce moment, assez de vaisseaux pour vaincre ses flottes et aller au loin combattre encore sa marine de l'Inde, et y porter assez de troupes pour attaquer 3oo,ooo combattans? Napoléon, dans toute sa puissance, n'ayant plus de marine, fut obligé d'y renoncer. Allié de la Russie, à qui il venait de tendre la main après ses victoires, il dut examiner si l'entreprise était possible par terre; elle était gigantesque, elle ne l'effrayait pas : c'était un attrait de plus pour son noble courage. Hardie, elle était digne de son puissant génie. Des reconnaissances furent faites par les plus habiles officiers, par les savans les plus estimés de l'Europe.

Il entreprit de neutraliser la Turquie et de partir de la Perse avec l'assistance de cette dernière puissance ; mais il fallait encore traverser 200 lieues de déserts de sables brûlans, vaincre la nation nombreuse et belliqueuse des Afgans, franchir ensuite la chaîne inaccessible des montagnes de la presqu'île de l'Inde, et combattre les nations indomptées qui l'habitent ; faire, en se battant sans cesse, encore 300 lieues dans des pays inconnus, en laissant sur son flanc gauche les farouches tartares du Kivan, ceux de Boukara, de Samarcande, et de tout le Thibet. Ces difficultés vaincues, on eût commencé à descendre dans les riches plaines de l'Inde, défendues par un climat dévorant et 300,000 Cypayes.

Cette entreprise étonna le génie de Napoléon lui-même.

Il existe une autre route ; pour la suivre, il faut partir d'Orenbourg, traverser 300 lieues de déserts habités par toutes les hordes de Tartares-Kirguises, laisser sur sa gauche le Khokhan et le Turkestan, pays fertiles et très-peuplés auxquels succèdent les montagnes habitées par les féroces Kirguises noirs ; sur sa droite, la Turcomanie et le Kivan, la patrie des Tartares les plus fourbes et les plus voleurs : on arrive enfin à Bouchara et à Samarcande, puis il faut traverser et vaincre les peuples du Cachemire, de l'Afghanistan, pour se trouver enfin aux montagnes de l'Inde. De tels obstacles étonnèrent encore le génie de Napoléon : aussi l'Angleterre rit-elle de la forfanterie de ceux qui parlent encore de réaliser ces folles entreprises, et osent l'en menacer. Sa puissance est donc bien établie; elle domine sur la mer, elle est maîtresse de l'Inde; et, tant qu'elle ne voudra pas établir une domination exclusive, faire sentir sa supériorité pour humilier les nations ses égales, elle n'a rien à redouter. Ses intérêts sont les nôtres : ils tendent à la prospérité du commerce, au progrès des vertus sociales.

Citoyens du monde, sachons discerner nos véritables intérêts ; perfectionnons nos mœurs, bases de nos institutions; vivons en frères, et que l'envie ne nous mette pas les armes à la main.

La nation anglaise et la France savent voir les choses de ce haut point de vue, leur union assurera la paix du monde; nous voyons sans envie sa puissance et sa gloire ; elle n'est point jalouse de la nôtre; et, comme nous, elle s'abstient de les comparer.

Nous comprenons comme elle que, maîtresse de l'Inde, son intérêt exige qu'elle ait assez de puissance dans la Méditerranée pour y commercer librement, et surtout pour y établir des relations plus promptes et plus suivies que celles du commerce ordinaire par le cap de Bonne-Espérance. Mais notre position topographique exige, ainsi que nous l'avons déjà dit, que nous y ayons au moins une égale sécurité. Si nous lui remettions Alger, l'équilibre ne serait-il pas détruit?

Concluons de toutes ces réflexions :

1° Que la France et l'Angleterre doivent agir de concert et dans l'intérêt commun de leurs prospérités respectives, maintenir la paix de l'Europe, et s'occuper sans relâche d'améliorer les institutions sociales qui rendent les peuples plus heureux et plus justes.

Le commerce et la paix adouciront les mœurs des nations barbares, augmenteront leur bien-être et leurs jouissances ; ces jouissances feront naître de nouveaux besoins qui procureront des débouchés plus considérables à toutes nos industries.

2° Que l'un des moyens les plus efficaces

pour arriver à ce résultat est de déclarer Oran, Alger et Bougie ports francs.

La population de ce pays désert et barbare s'accroîtra rapidement; le commerce y prendra une activité dont toutes les fabriques ressentiront aussitôt l'effet salutaire.

3° Que la France ne pouvant, sans inconvénient, remettre cette colonie aux mains d'aucune autre puissance, ni l'abandonner à elle-même, sans que le commerce en éprouve encore de plus graves inconvéniens, elle doit la conserver. Elle ne peut manquer d'être promptement dédommagée des sacrifices qu'elle ferait à ce sujet, par l'activité du commerce, de l'industrie, par les revenus que produira bientôt un pays aussi fertile dans une position aussi heureuse.

4° Que, pour faire jouir le commerce de toute la sécurité dont on a besoin dans des ports francs ouverts à toutes les nations, il faut y établir une bonne police militaire, la seule qui ne soit pas tracassière.

5° Que, pour favoriser l'accroissement de la population, la culture et le mélange des races par les attraits de la civilisation, et pour retirer promptement quelques avantages pécuniaires

de cette colonie, il faut une administration spé-
ciale, habile et probe, qui soit soumise au pouvoir militaire.

6° Enfin, qu'il faut porter à 35 ou 40,000 le
nombre de nos soldats, pendant quelques années; envoyer, pour les commander, un général habile administrateur, capable d'étudier les
mœurs, de calculer, d'indiquer le degré d'influence qu'on peut laisser acquérir aux colons,
sans s'exposer aux révoltes, aux rébellions; il
faudrait que cet administrateur fût disposé à
se dévouer pour assurer la prospérité de cette
colonie naissante, qui deviendrait ainsi de la
plus grande importance pour la France et pour
l'Europe entière. Une force aussi imposante,
un homme aussi habile, dévoué à son pays,
éviteraient les combats, aussi bien que les
haines et la dépopulation qui en sont les suites
nécessaires.

Je ne puis terminer sans répéter encore qu'un
grand danger menace l'Europe civilisée. Depuis
un siècle les barbares du Nord s'exercent dans
l'art, pour eux si difficile, des manœuvres, afin

de pouvoir surmonter les obstacles que leur opposent la tactique et les sciences des nations policées. Ces nations devraient donc rester unies à la vue de ces préparatifs ; cependant quelques souverains, inquiets de la disposition des esprits dans leurs Etats, désirent consolider leur pouvoir, assurer leur tranquillité, en réclamant le secours si puissant du chef des Tartares. Pour se le rendre favorable, ils se prêtent à ses desseins, ils les secondent. Quels que soient leurs motifs, ils se persuadent, sans doute, que le géant ne peut et ne veut plus grandir ; que s'il le tentait encore il se dissoudrait de lui-même. Si cette croyance est réelle, qu'ils la lui fassent donc partager, et qu'ils le déterminent à restituer, à cesser d'envahir.

NOTES.

(1) Il ne peut entrer dans mon plan de discuter, ni la possibilité de dessécher les marais de la Métijiah, ni les dispositions à prendre, les postes à placer pour assurer la sécurité des colons indigènes et étrangers, et pour l'étendre au fur et à mesure que la culture s'étendra et que le nombre des colons augmentera. Je ferai seulement remarquer, pour ce qui concerne les marais, qu'ils n'existent que depuis que la culture de cette plaine a été abandonnée, que très-peu de desséchemens sont impossibles, que celui-là le fût-il, ces marais produiraient encore d'abondantes récoltes de riz; et pour ce qui concerne les mesures de suretés à prendre, que, dépendant des localités et des premiers élémens de l'art de la guerre, elles ne peuvent embarrasser un général.

J'ajouterai qu'un homme du noble caractère et de la haute capacité du maréchal Clausel, ayant affirmé que le desséchement était possible, et pris la peine d'indiquer ce qu'il y avait à faire pour assurer la tranquillité des travailleurs, il me siérait mal d'élever la voix, et je pense que peu de personnes oseront douter après son affirmation.

(2) On me reprochera peut-être de ne faire que deux classes d'Arabes, tandis qu'il en existe une troisième, plus nombreuse que les deux autres, celle des cultivateurs. On dira peut être que c'est celle-là qui a fait la principale force des Arabes, de ces conquérans qui ont envahi des parties

de l'Europe, de l'Afrique et de l'Asie, où ils ont étendu leur puissance jusqu'aux Philippines. Je ferai remarquer d'abord que j'ai dû me conformer aux idées généralement admises. Ensuite que les grandes masses d'Arabes cultivateurs existaient dans quelques parties de la Palestine et de la Syrie, dans l'Irac, la Mésopotamie, et surtout dans l'Yemen; que nous ne les avons jamais bien connus. Il faut cependant convenir qu'après la conquête ils firent fleurir les arts dans notre Europe, et y furent un centre de civilisation et de lumières. Les monumens qu'ils ont laissés en Espagne n'ont pu être égalés. Ces monumens ont quelque chose de grand, de hardi, d'élégant, qu'on n'a pas même été tenté d'imiter; ils ont une légèreté qui semble peindre la nation brillante qui les a produits.

Ce qui m'a déterminé à ne pas faire mention de cette portion si nombreuse et qui constitue, dit-on, la nation arabe, c'est donc, comme je viens de le dire, parce que son existence est en contradiction avec nos idées, mais c'est aussi à raison de ce que, depuis la décadence de ces conquérans célèbres, toutes les portions de ce peuple qui ont échappé à la destruction ont adopté la vie pastorale et la vie errante, et qu'ils ont presque entièrement abandonné l'agriculture; cette considération m'a d'autant plus facilement déterminé, que j'ai distingué les Arabes des Maures. Cette dernière nation, sortie de la nation arabe, ayant les habitudes plus douces, s'est adonnée à la culture; elle s'est attachée au sol, au pays; elle a mélangé son sang à celui des indigènes épargnés; elle a formé ainsi une nation nouvelle, et, avec cette nation, sont venues se confondre toutes les tribus arabes qui avaient conservé le goût de l'agriculture.

Je termine cette note en faisant observer qu'à bien des égards, nos idées sur les Arabes sont inexactes. En effet, nulle nation ne poussa plus loin la science du cultivateur : nous en avons pour preuves les immenses travaux qu'ils ont faits, en Espagne, pour l'arrosement des serres, les canaux qu'ils ont creusés, les fleuves qu'ils ont détournés, les aquéducs qu'ils ont construits et qu'on rencontre à chaque pas aux environs de Cordoue. Par ces moyens, ils rendirent fertiles des cantons, des provinces entières. Dans d'autres endroits, des citernes, des étangs, des conduits souterrains leur servaient de réservoirs pour préserver leurs récoltes contre les sécheresses. De plus, ce sont les Arabes et les Juifs de la Palestine qui ont donné les premières notions du jardinage à toutes les nations civilisées : c'est d'eux que les Romains ont appris la manière dont, au printemps, on hâte la végétation, les soins qu'il faut donner aux plantes intertropicales, et c'est de chez ces deux peuples et de la Phénicie qu'ils tiraient leurs meilleurs jardiniers.

Ils voulaient que les pays dont ils faisaient la conquête fussent sur-le-champ cultivés par leurs soldats, et ils leur distribuaient toutes les terres disponibles : chacun était obligé de cultiver aussitôt la portion dont il devenait propriétaire. On faisait arriver les femmes et les enfans. (Cod. diplom. Arabo-Sicil, t. I, part. 1, p. 204, 229.) On attribue à cette coutume les revers de ce peuple conquérant, ou du moins le peu de durée de sa domination. En effet, les travaux de la culture ralentissaient d'une part la rapidité de la conquête; elle ne pouvait se reprendre, s'achever, que dans l'intervalle d'une moisson à une autre; d'un autre côté, l'esprit militaire se perdait bientôt chez ces jeunes soldats, ainsi détournés de leurs travaux, de leurs habitudes guerrières. Aussi ils mirent plusieurs années à achever la conquête de la Sicile, et ils ne montrèrent aucune énergie pour la défendre : ils s'en laissèrent dépouiller sans résistance par les Normands.

(3) Nous voyons (Cod. diplom. Arabe-Sicil., t. II, part. 2, p. 104) que pour propager ces précieux animaux ils en introduisirent en Sicile deux mille d'une seule fois. Les Normands ne surent ni les apprécier, ni les perpétuer; ils ignoraient d'ailleurs les soins qu'ils exigeaient.

(4) L'origine des Berbères se perd dans la nuit des temps, et ce peuple sauvage nous fournit bien peu de renseignemens.

Nous sommes habitués à chercher dans les vallées du Caucase et dans celles du mont Ararath, qui le joint, le type de toutes les races qui ont envahi et peuplé l'Europe. L'Arche Sainte s'est arrêtée sur ce dernier : nous retrouvons, en effet, les tiges de toutes nos races dans ces montagnes dont les déchiremens forment des précipices tellement abrupts, qu'ils isolent les populations; et nous en voyons sortir, de temps à autre, quelques familles qui, dans les steppes ou dans les oasis des déserts qui les environnent, deviennent bientôt des peuples puissans et nombreux. Ces nations, promptement fatiguées de la vie dure qu'elles mènent dans ces pays découverts, exposées à toutes les intempéries, à toutes les privations, vont se créer une patrie dans des pays plus fortunés. Trouvant les caractères de la vérité dans cette manière d'expliquer les irruptions qui ont inondé l'Europe, envahi la Chine et l'Inde, nous l'adoptons, et nous expliquons de la même manière celle des Arabes. Accoutumés à ce centre d'irruption, nous n'en admettons point d'autres : peut-être avons-nous tort; si nous sommes embarrassés pour expliquer l'origine d'un peuple que nous ne pouvons y rattacher, nous préférons le regarder comme indigène (quoique évidemment il ne le soit pas), plutôt que de prendre la peine de rechercher la haute montagne qui dut être son berceau. Telle est notre position relativement aux Berbères; cette race fut devancée dans le nord de l'Afrique, contrée à laquelle elle a

donné son nom, par celle, maintenant éteinte, des Guan-
ches; cette grande et belle race venait évidemment des
monts abyssiniens, dont elle avait conservé toutes les cou-
tumes, celle de la circoncision , celle d'embaumer ses
morts.

Les anciens eurent connaissance de ces belles races blanches abyssiniennes, et les désignèrent par les noms de
Macrabes, Garamantes.

Nous admettons généralement que trois races sont originaires du continent africain, savoir : la race blanche, la
race nègre et la race cafre.

La première ayant le même angle facial et les mêmes
traits que la race blanche caucasienne; comme celle-ci,
devenant bronzée et noire, suivant qu'elle est plus ou moins
exposée aux brûlans rayons du soleil, et reprenant plus
ou moins sa blancheur dès qu'elle habite un climat tempéré
ou froid. La seconde ayant un angle facial plus fermé, les
cheveux crépus et la peau toujours noire, qu'elle soit exposée ou non à l'action des rayons solaires; celle-ci a une
intelligence plus bornée; chez elle l'anatomie a fait connaître
des différences toujours existantes dans la charpente os-
seuse, dans les membranes du système vasculaire, et dans
celles du tissu réticulaire. La troisième, par la couleur cui-
vrée de sa peau, couleur toujours persistante, par ses habitudes, par son intelligence, moins bornée pourtant que
celle de l'espèce nègre, est aussi une race à part.

La plus grande partie des monts abyssiniens, celle surtout qui était à l'est, et dont le pied était baigné par la mer
Rouge, fut, dès la plus haute antiquité, appelée Barbarie,
pays des Berbères, de Berberis, des Brebes, etc., et cela
bien avant que les hommes blancs de la Grèce les quali-
fiassent du nom d'*Ethiops*.

D'après cela, les monts abyssiniens et les monts nubiens

seraient la patrie des Berbères. Les anciens géographes et les voyageurs désignaient en effet ces contrées sous le nom de Barbarie et sous celui de pays des Berbères, des Barabras, etc. Selon eux, la langue des Berbères fut originairement le Geèz; et l'un des idiomes de cette langue est devenu la langue sacrée. Elle fut contemporaine, si elle n'est antérieure, au sanscrit; elle l'est du moins à l'hébreu, avec lequel elle a beaucoup de mots communs; néanmoins, elle ne conserve plus guère de rapports avec les divers dialectes berbères actuels.

La tradition veut que la population de ces montagnes vienne d'un autre Noé, qu'elle habitât dans des cavernes qu'elle pratiquait sur leurs sommets les plus élevés. Obsédés des craintes d'un nouveau déluge, ils étaient sans cesse occupés à observer les cieux, à y chercher des motifs de sécurité; souvent ils croyaient y voir, surtout en les combinant dans la saison des pluies (qui régnaient dans les parties les plus au sud), des signes de la colère céleste; alors, ils offraient aux dieux des victimes humaines. Quoi qu'il en soit, cette vie contemplative, et leur heureuse position pour les observations astronomiques, fut cause qu'ils furent les créateurs de cette science.

Lorsque quelques familles étaient obligées de s'éloigner des cimes de leurs monts, la crainte qu'ils avaient d'être surpris par un nouveau déluge leur faisait élever leur huttes sur quatre piliers très-hauts, formés de pierres posées les unes sur les autres (origine de l'ordre *Pestum*). Ils ont porté cet usage dans les pays où ils ont étendu leur domination.

Des tribus, qu'on croit d'une autre nation, s'occupaient de la garde des troupeaux, sous le nom de So, sous ceux de Balons, Bagla, Berberi, Barabra, qui viennent de Berber-el-Suah, et veulent dire pasteurs, nomades, messagers, etc. Bruce prétend que les Suah descendaient jusqu'à l'isthme de Suez, et lui donnèrent leur nom. Le Showiah et le Brebe, que parlent encore les Berberis du petit Atlas; le Chellu, qu'on parle sur le grand Atlas, dans le royaume de Maroc, qui, suivant Shaller, ne sont qu'une même langue, (ce qu'il prouve par des vocabulaires), ne sont-ils pas dérivés de la langue des Suah ou des Geèz.

Ces anciens Berbères possédèrent des ports sur la mer Rouge et dans le golfe d'Oman, dans lequel ils avaint les îles de Tyros et d'Aradus. Ils allèrent dans l'Inde et y formèrent des établissemens considérables. Plus tard ils vinrent sur la côte de Syrie; ils y fondèrent des colonies et toutes les cités phéniciennes, et donnèrent à deux des villes de cette côte les noms de Tyros et d'Aradus, de ceux de leurs îles du golfe d'Oman. Ils établirent d'autres colonies en Grèce (Thèbes, Lacédémone, etc.), en Arcadie, en Carie et dans l'ancienne Colchide; on a retrouvé dans tous ces lieux les usages et toutes les barbares pratiques des religions nubiennes, des sacrifices humains, etc.

Larcher croit que les Pélages venaient de Crète, et les Crétois disaient eux-mêmes qu'ils étaient Abyssiniens.

Strabon dit que les peuples berbères de la Nubie s'étendirent vers l'ouest jusque sur les côtes de l'Océan.

Pline, qu'ils dominèrent en Europe.

Homère, que leur langue se parlait en Carie; les Cariens descendaient, suivant lui, des Crétois, etc.

Tacite, que les Juifs étaient Ethiopiens; cette opinion était admise de son temps.

D'un autre côté, les Berbères firent de fréquentes irruptions dans l'Yemen et lui donnèrent des rois; le fils d'Eber fut, dit-on, le premier roi de ces contrées; cet Eber, l'un des premiers législateurs des Juifs, auquel il était étranger, et dont le nom désigne, en leur langue, un *homme venu de l'autre côté de l'eau*, leur donna une religion analogue à celles des Berbères, celle des astres, le sabisme. Ces trois peuples, les *Arabes*, les *Juifs* et les *Ethiopiens*, ayant peut-être une origine commune, sans cesse réagissant les uns sur les autres, se refoulaient souvent sur les rives et au-delà de l'Euphrate, dans la Chaldée, la Mésopotamie, l'Irac, la Perse, d'où sortirent les Mèdes les Parthes, les Daces et les Sarmates.

Bien plus tard, les Berbères des environs de Zahart donnèrent naissance à Raha (de la tribu des Zénètes), mère du fameux Abderahman, chef de la dynastie des Omeya, qui, fondateur de Cordoue, en fit bâtir la fameuse mosquée, sur les plans qu'il dressa lui-même.

Adelung et Vater disent que les Cabaïls ou Berbères se divisent en quatre branches : les Amazirgh, qui habitent le pays de Maroc; Chenier les appelle Chellus et les distingue des Berbères, quoiqu'ils parlent la même langue; les premiers habitent les montagnes du sud, et les autres celles du nord de l'empire; et malgré cet éloignement, il y a entre eux une grande antipathie.

Bruce en a encore trouvé plusieurs peuplades dans l'Abyssinie; il dit que ceux de la ville d'Axum, qui domina la contrée, s'appellent Gazy, ce qui veut dire *hommes libres* en Geèz, qui est leur langue sacrée; elle est aussi celle des Juifs de ce pays, et les livres saints de ces derniers sont écrits en cette langue et non en hébreu. Il ajoute que les sons rudes et bizarres de cette langue ont fait dire aux anciens qu'on la *sifflait* et qu'on la *hurlait* au lieu de la parler. Et Malte-Brun pense que la langue berbère que les Amazirgh appellent Tamaright, et les Cabaïls, Showia, a un caractère qui approche de l'hébreu et du phénicien. De tout cela, ne peut-on pas conclure que le geèz est la souche de toutes les langues aux sons gutturaux, et se rendre compte de la couleur un tant soit peu bronzée que conservent encore quelques nations du nord.

Mais, dira-t-on, la langue actuelle des Berbères et d'autres qui en descendent, diffère en beaucoup de points de celles que les Berbères de la Nubie, ceux de l'Atlas, les Chellus, les Schillanks de l'Abyssinie, etc., parlent maintenant et surtout du Geèz ; peut-on être étonné de cela lorsqu'on songe que de nos jours ceux qui entendent le phénicien, ne peuvent expliquer aucune des inscriptions carthaginoises, et qu'ils ne peuvent rien comprendre à celles qu'on a dernièrement retrouvées au Caire, quoique ces trois langues soient, pour ainsi dire, identiques.

Si nous examinons encore que la coutume de la circoncision n'existait chez aucun peuple du continent européen et asiatique, qu'elle y a été apportée par les Berbères et les Juifs; que toutes les nations qui en descendent ont conservé cet usage dans toutes les contrées où la chaleur du climat la rend nécessaire ; que l'inoculation de la petite-vérole a de tous temps été pratiquée par ces nations primitives ; que leurs tribus les plus sauvages la pratiquent encore à l'aide d'une épine, ainsi que l'attestent Chenier, Bruce et tant d'autres ; qu'aucune de ces nations n'a jamais cessé de la pratiquer ; qu'elle l'est toujours dans la Colchide : si nous observons de plus que les Brebes, Berberis du sud de la mer Rouge, ont encore la tribu des Biscarins, analogue à celle des Biscaris, située au sud de l'Atlas, dans le pays de Zaab, dont nous avons déjà parlé, et qui viennent à Alger servir de portefaix, on sera convaincu que les Berbères sont originaires des monts abyssiniens, et l'une des plus anciennes nations du monde. La conviction augmentera encore si on observe que toutes les nations qui en dérivent ont conservé le même caractère d'indépendance. Ce caractère leur permet à peine de se réunir par tribus ;

il leur a ôté toute force comme nation. Nous le remarquons en effet chez les tribus Berberis, qui ont de l'éloignement, même du mépris pour les autres tribus berbères et pour toutes les autres nations ; nous le retrouvons chez les Phéniciens, les Pélages, en Grèce, en Arcadie, en Carie, en Colchide ; nous le voyons encore chez les Arabes, les Parthes et les diverses branches de Sarmates.

Ce n'est que chez cette race que nous avons rencontré l'usage contre nature de servir et de dévorer à leurs repas des animaux vivans ; nous voyons les docteurs juifs, avant Moïse, permettre d'éluder la loi qui le leur défendait, en conseillant d'ouvrir la principale artère de l'animal ; ils disaient que dès lors la mort étant inévitable, l'animal pouvait être considéré comme mort, et qu'on pouvait se passer la jouissance de sentir dans la bouche et sous la dent des chairs palpitantes, et, ce qui est fort remarquable, c'est que quelques prêtres des montagnes de l'Atlas jouissent encore du privilége d'assommer les ânes qu'ils rencontrent, et d'en dévorer aussitôt les chairs sanglantes.

Je ne veux parler ni de leur religion, ni du culte qu'ils rendaient aux dieux protecteurs ; je dois pourtant rappeler qu'ils en rendaient un à la divinité qui éloignait de leurs troupeaux une mouche dont la piqûre était mortelle.

Le zimb ou tsaltsalya, insecte de la grosseur du taon, ne se trouve que dans quelques gras pâturages de l'Abyssinie où il existe encore ; mais on ne l'a rencontré sur aucun autre point de notre ancien continent. (On l'a retrouvé dans quelques unes des plaines qui avoisinent le Mississipi.) Pour en préserver les troupeaux, il suffit de les conduire dans des cantons sablonneux, où il ne les suit pas ; mais ils y dépérissent. Ainsi, les années pendant lesquelles son existence, heureusement fort courte, précède le moment où l'on a coutume d'éloigner les troupeaux pour fuir sa présence, et celles pendant lesquelles elle se prolonge, sont des années de calamité, et ces peuples ont élevé des autels au dieu chargé d'éloigner de leurs troupeaux ce terrible fléau et d'abréger sa durée. — On conçoit donc bien l'établissement dans ce pays du culte du *Dieu chasse-mouche*; mais on l'a retrouvé chez les Phéniciens, en Colchide, et chez presque toutes les nations dont nous avons parlé. Il y est sans but, et ne peut avoir été apporté dans ces pays, ainsi que l'inoculation, la circoncision, etc., que par le peuple qui connaissait ces pratiques. Nous n'avons pas parlé de la science de la divination et du don de la prophétie que les Grecs tiraient de ce pays et qu'ils nous ont transmise; je n'ai pas parlé non plus de la manière dont cette nation bardait du fer le plus poli et de l'acier le plus dur les chevaux et les cavaliers lorsqu'ils allaient au combat, coutume que les Égyptiens adoptèrent, ainsi que les Parthes et les Sarmates qui l'apportèrent en Europe, aussi bien que la féodalité.